My Body and My Clothes
Mi cuerpo y mi ropa

Dedication

In loving memory of my dad, who taught me
to count to 10 in Spanish before I even understood the concept of
another language.
With just those few words, he lit the flame of curiosity in me that has led
me to where I am today. I love you forever, daddy!

Frederick Yakel
August 12, 1945-December 27, 2020

My Body

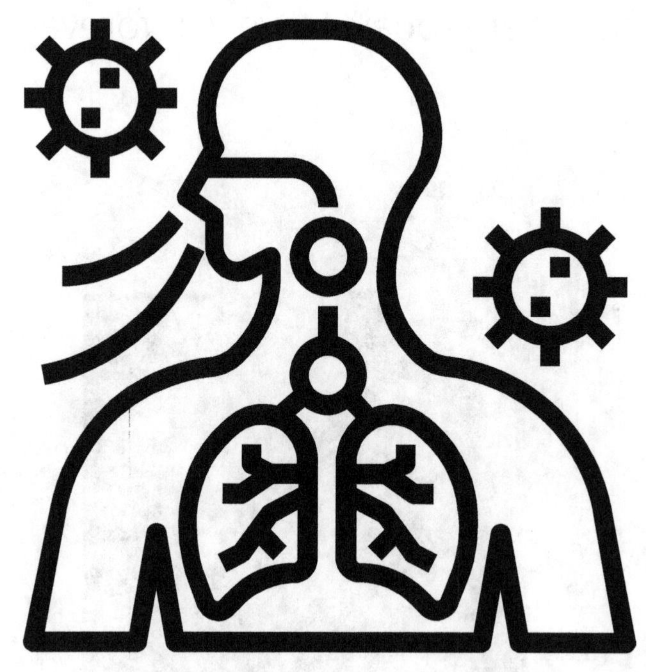

Mi Cuerpo

Trace the letters and fill in the blanks.
Traza las letras y rellena los espacios en blanco.

body	cuerpo
body	cuerpo
ody	cuerpo
body	uerpo
body	cuerp
bod	cuerpo
b	cuerpo

Color me!

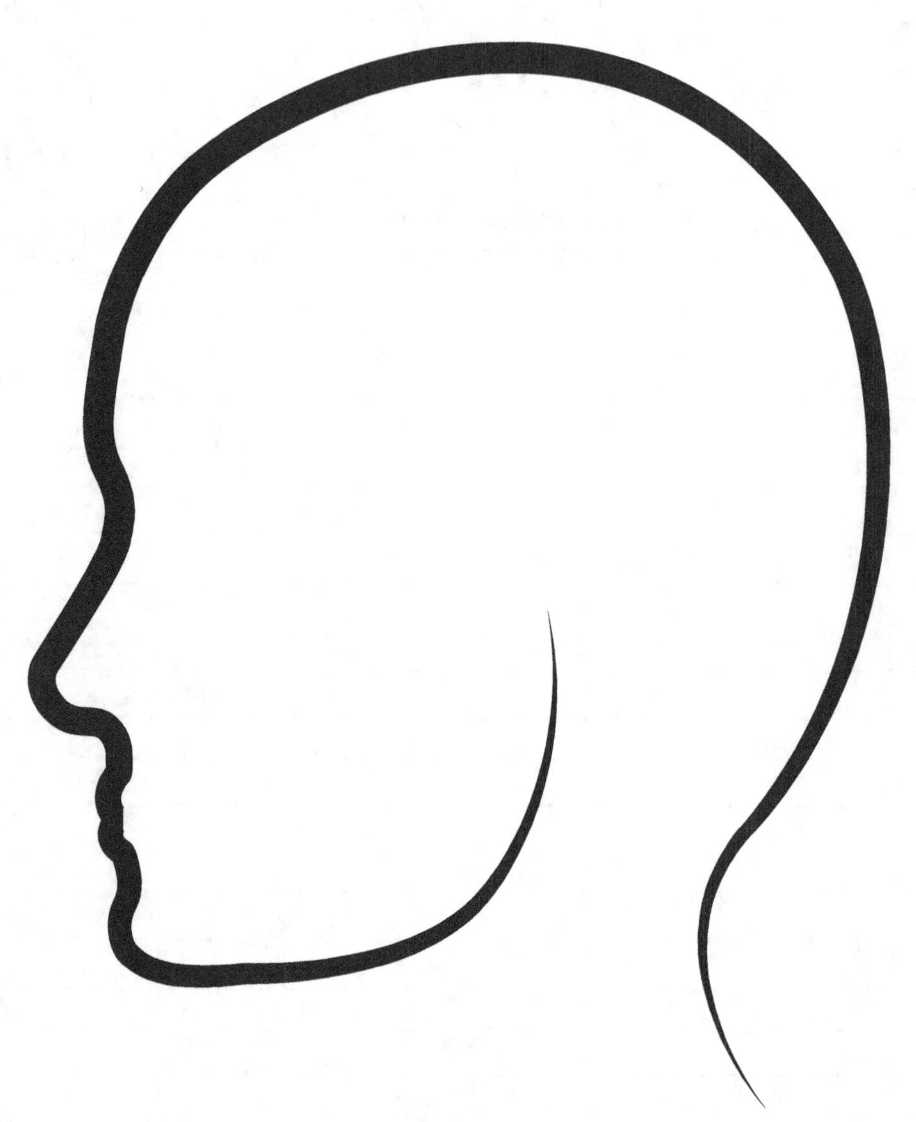

¡Coloréame!

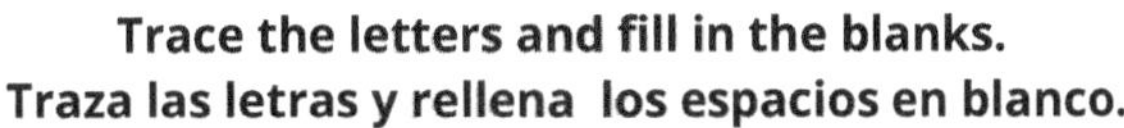

Trace the letters and fill in the blanks.
Traza las letras y rellena los espacios en blanco.

head

cabeza

Draw your favorite hairstyle.

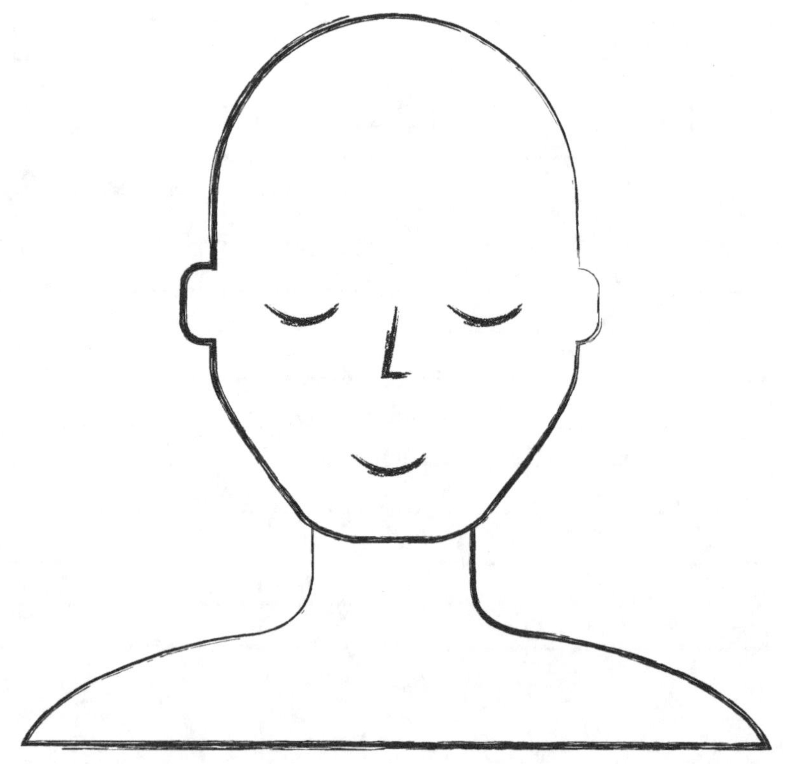

Dibuja tu peinado favorito.

Trace the letters and fill in the blanks.
Traza las letras y rellena los espacios en blanco.

head	cabeza
ead	a e a
h ad	c b z
he d	c e z
hea	cab _ a
h	c

Draw a face.

Dibuja una cara.

Trace the letters and fill in the blanks.
Traza las letras y rellena los espacios en blanco.

face

cara

face
ace
fae
fae
fac
f

cara
ara
ara
cara
car
c

Color me!

¡Coloréame!

I CAN WRITE   YO PUEDO ESCRIBIR

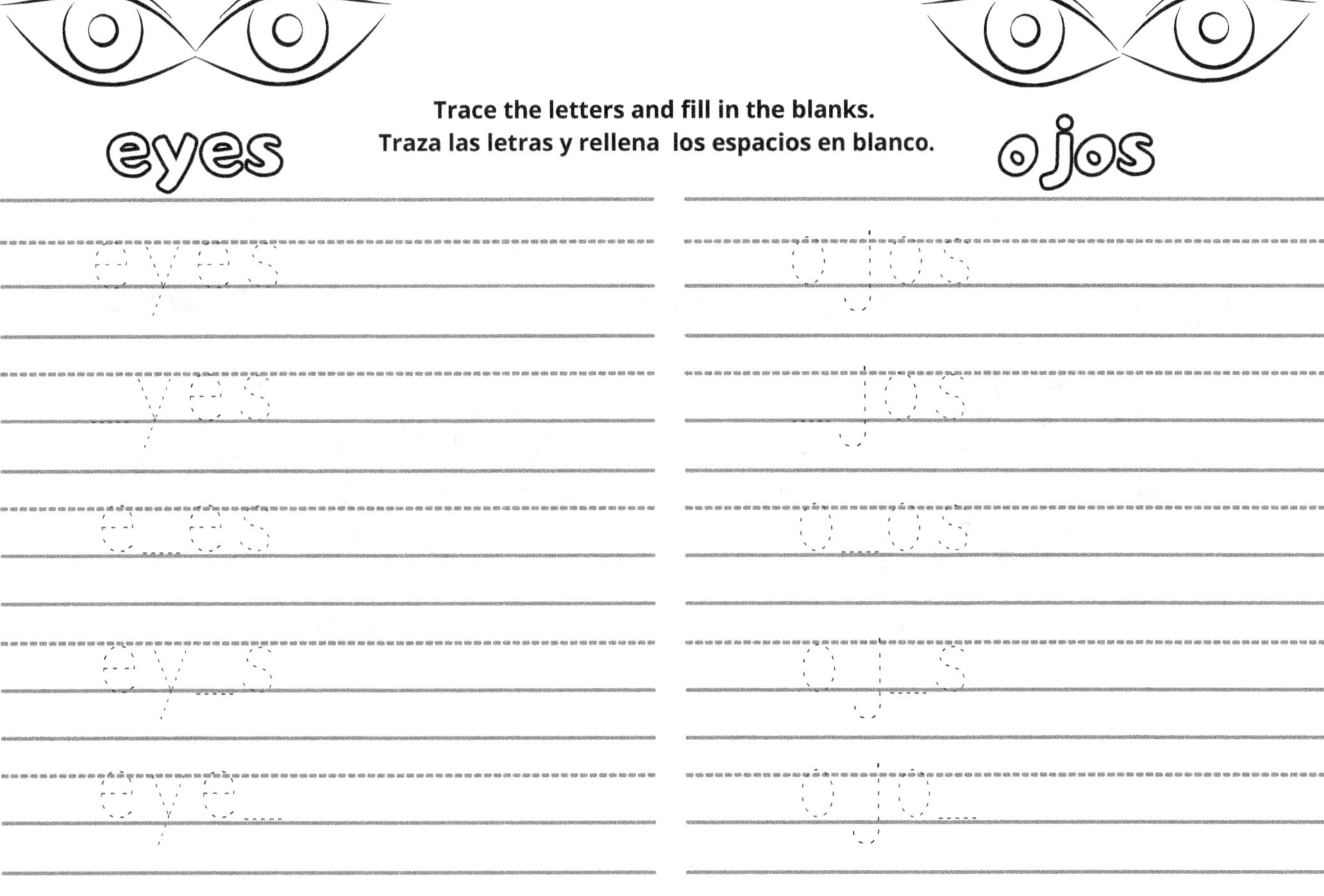
eyes
ojos
Trace the letters and fill in the blanks.
Traza las letras y rellena los espacios en blanco.

Color me!

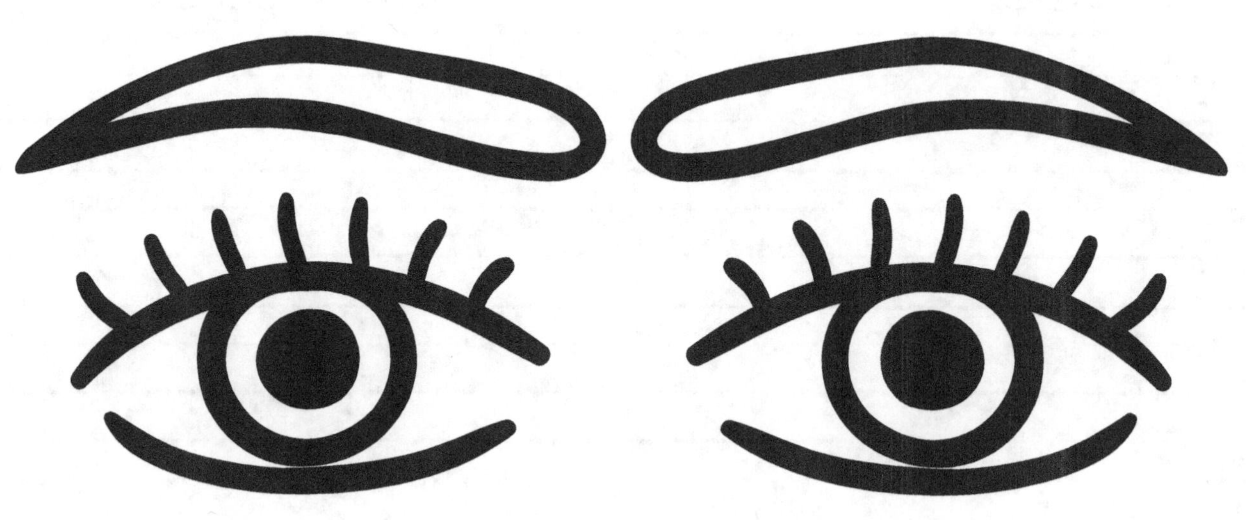

¡Coloréame!

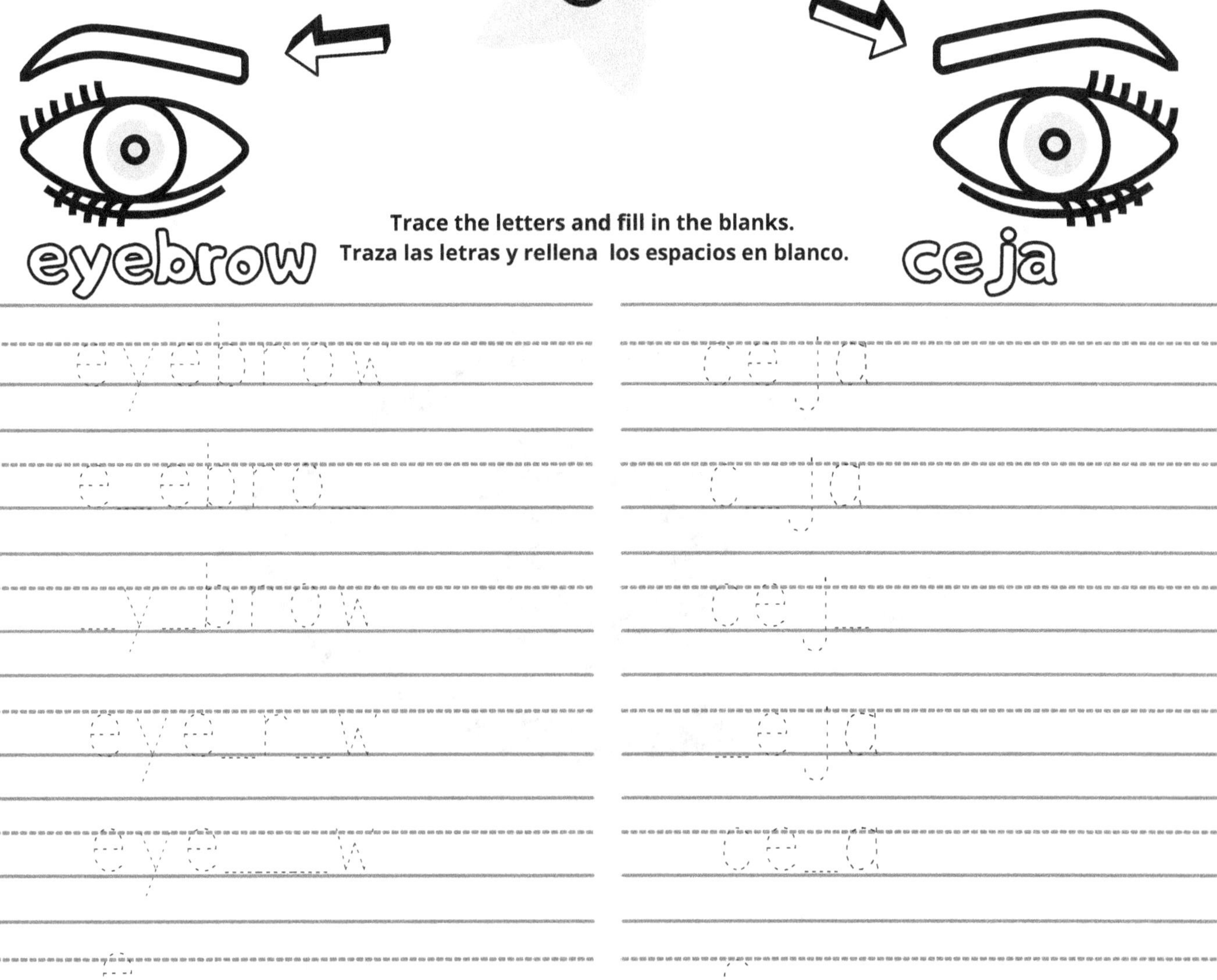

I CAN WRITE
YO PUEDO ESCRIBIR
eyebrow
ceja
Trace the letters and fill in the blanks.
Traza las letras y rellena los espacios en blanco.

Add eyelashes.

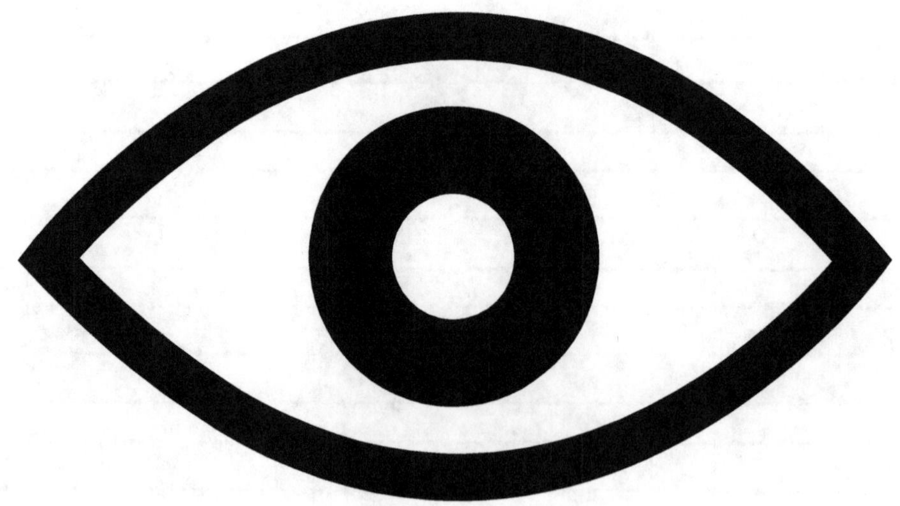

Agrega pestañas.

I CAN WRITE — YO PUEDO ESCRIBIR

eyelash

Trace the letters and fill in the blanks.
Traza las letras y rellena los espacios en blanco.

pestaña

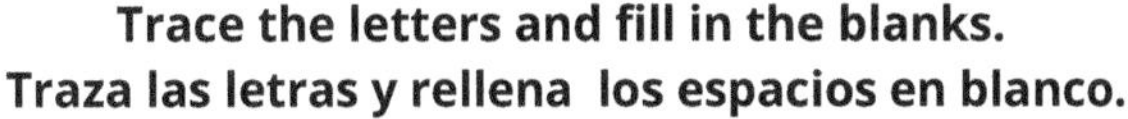

Color me!

Coloréame!

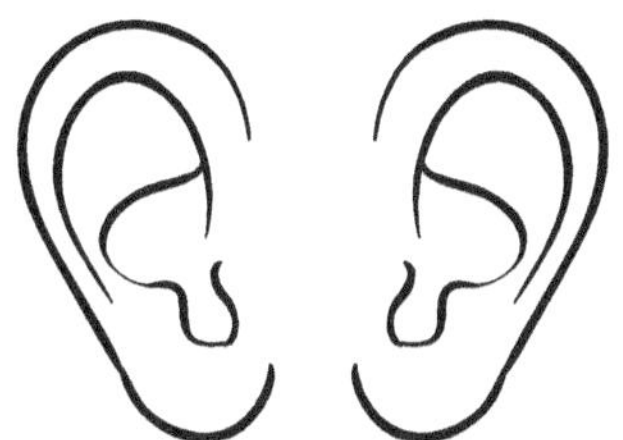

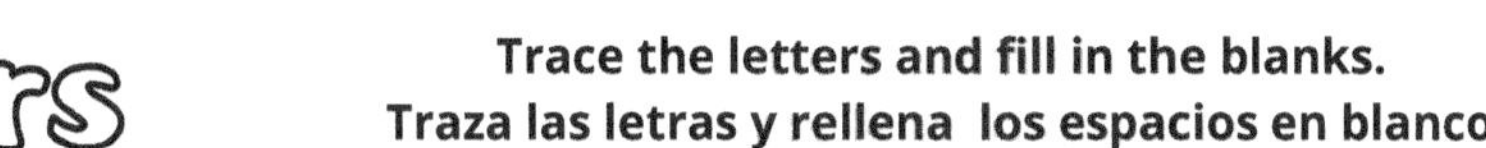

Trace the letters and fill in the blanks.
Traza las letras y rellena los espacios en blanco.

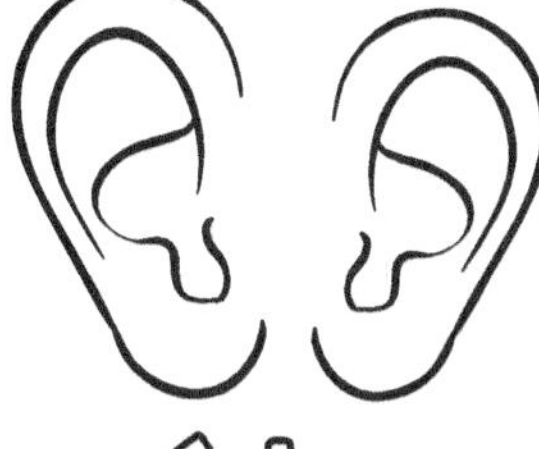

Color us!

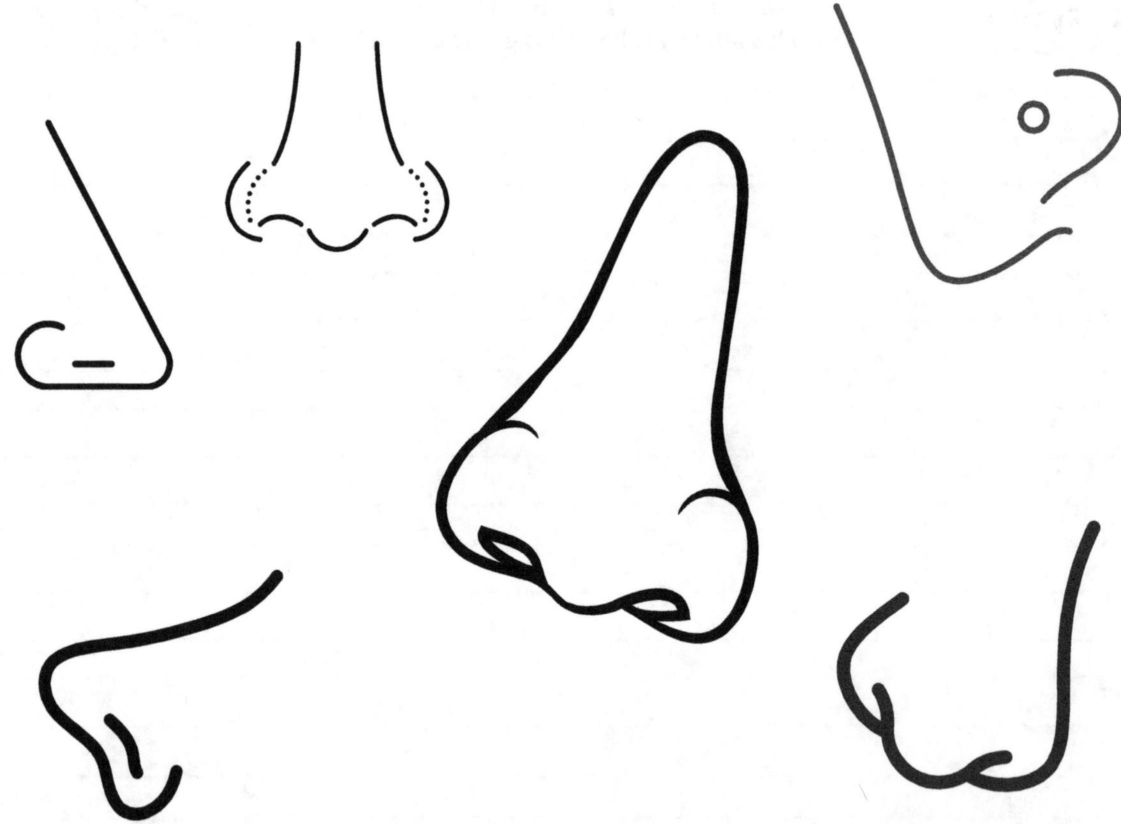

¡Coloréanos!

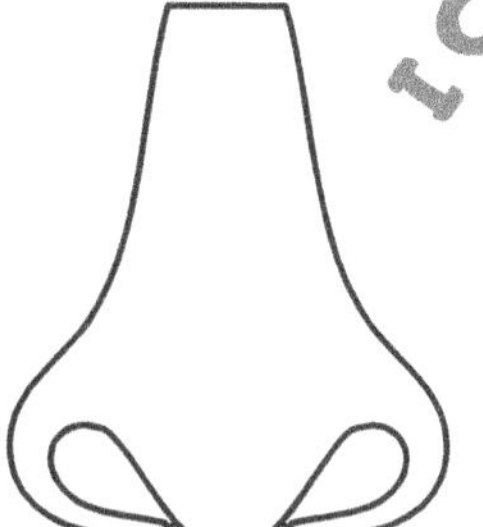

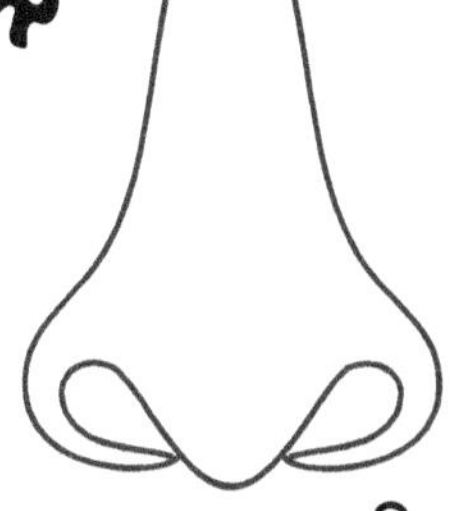

Trace the letters and fill in the blanks.
Traza las letras y rellena los espacios en blanco.

nose

ose

nose

nose

nos

n

nariz

ariz

nriz

nai

naiz

n

Color me!

¡Coloréame!

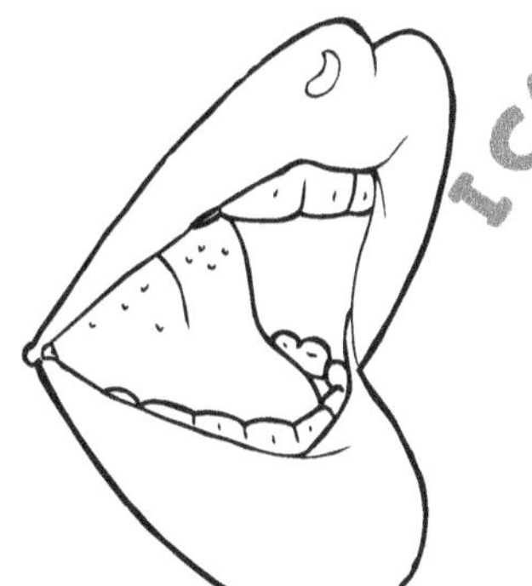

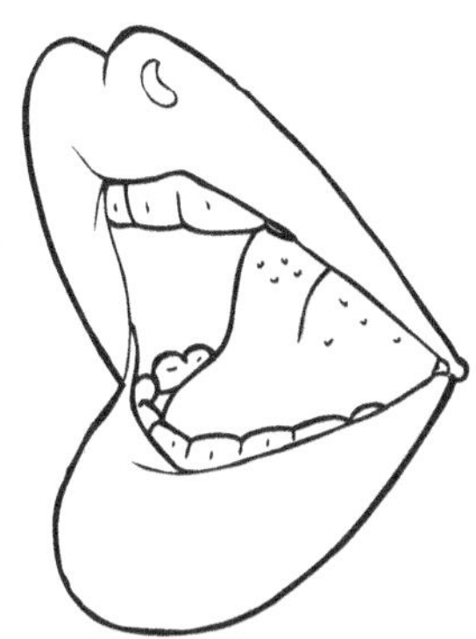

Trace the letters and fill in the blanks.
Traza las letras y rellena los espacios en blanco.

mouth

boca

mouth

outh

m u h

mo t

m   h

m

boca

oca

b ca

bo a

boc

b

Draw some teeth.

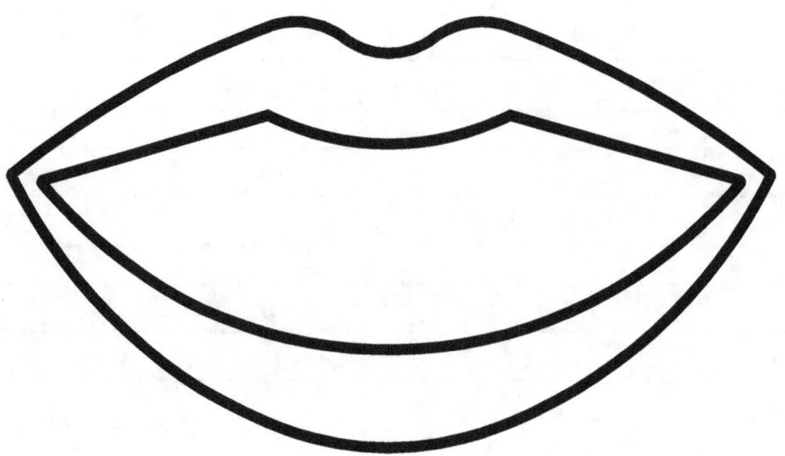

Dibuja unos dientes.

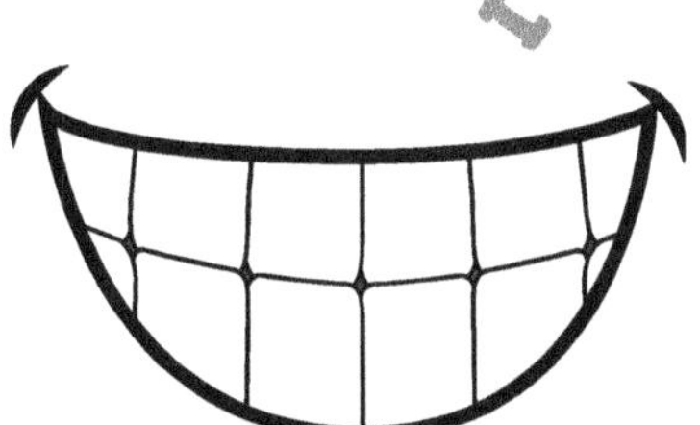

Trace the letters and fill in the blanks.
Traza las letras y rellena los espacios en blanco.

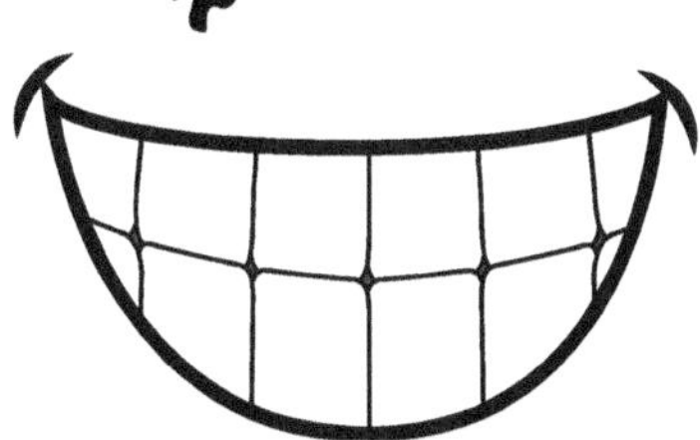

teeth	dientes
teeth	dientes
ee h	dientes
t th	dientes
tee t	dientes
t h	dientes
t	dientes

Color me!

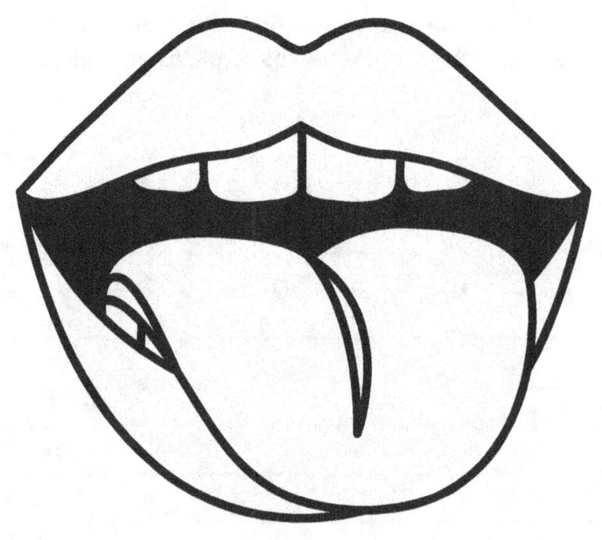

¡Coloréame!

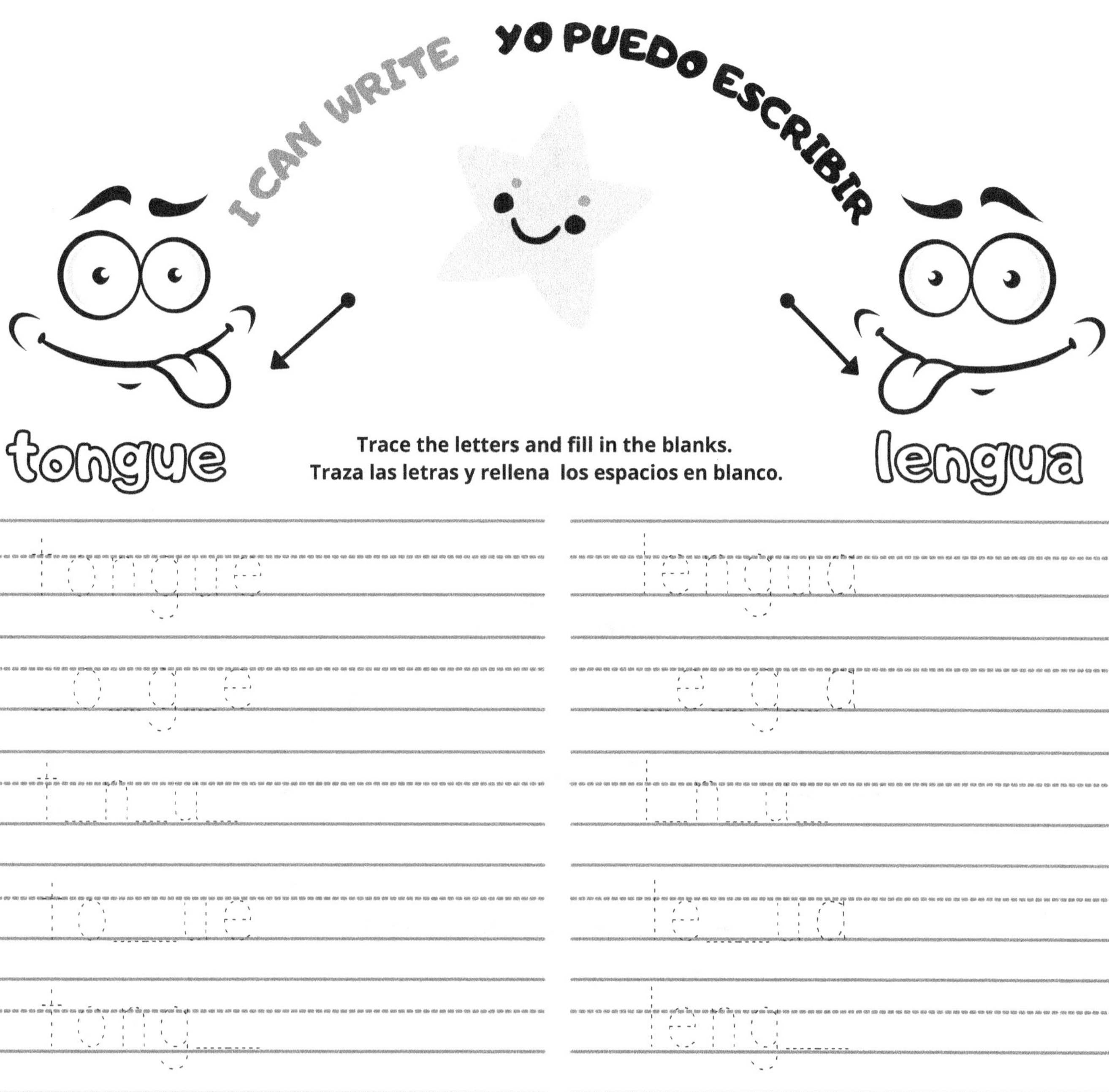

Trace the letters and fill in the blanks.
Traza las letras y rellena los espacios en blanco.

Color me!

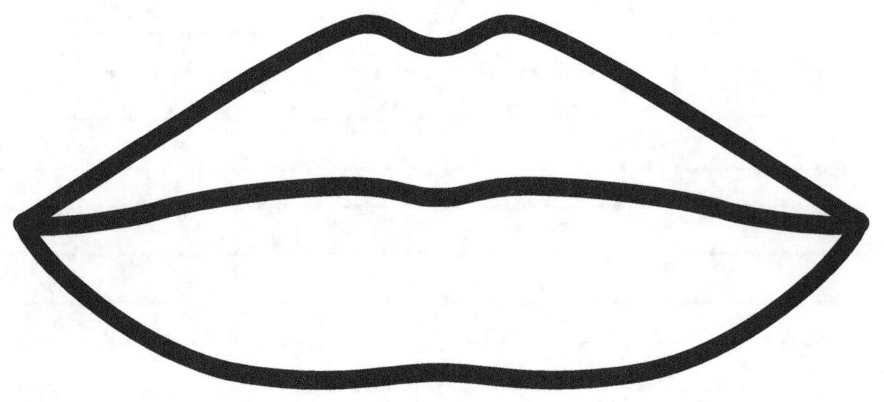

¡Coloréame!

lips

labios

Trace the letters and fill in the blanks.
Traza las letras y rellena los espacios en blanco.

lips	labios
lips	labios
lps	labio
lps	abios
lps	labios
lip	labio
l	l

Which object goes around your neck?

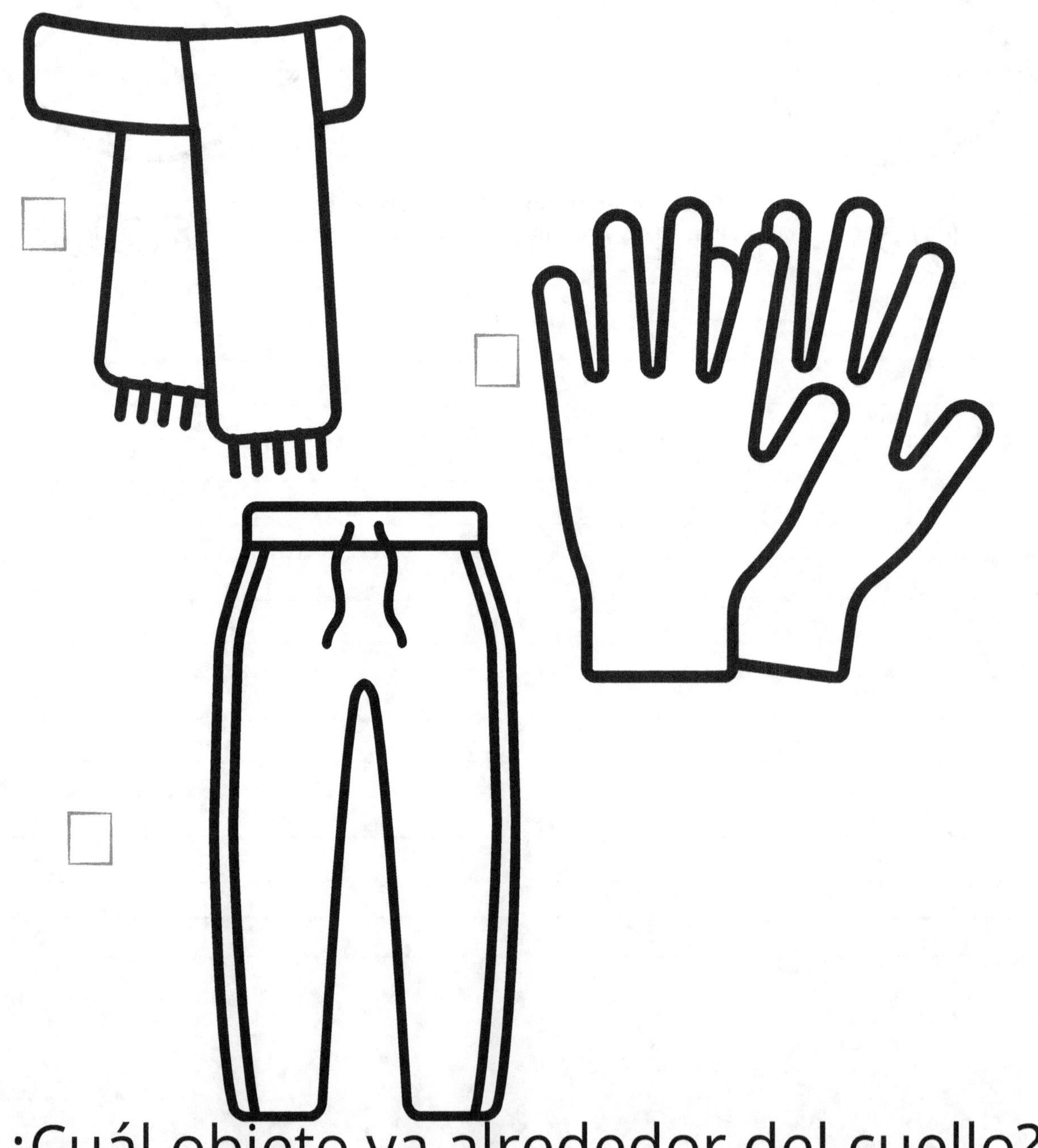

¿Cuál objeto va alrededor del cuello?

neck

Trace the letters and fill in the blanks.
Traza las letras y rellena los espacios en blanco.

cuello

neck

neck

neck

neck

neck

n

cuello

cuello

cuello

cuello

cuello

cuello

Color me!

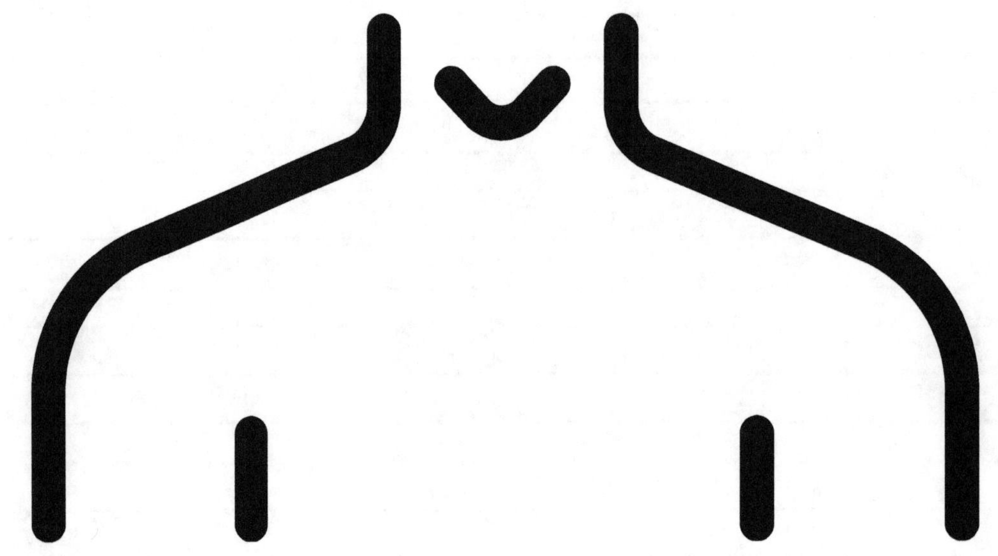

¡Coloréame!

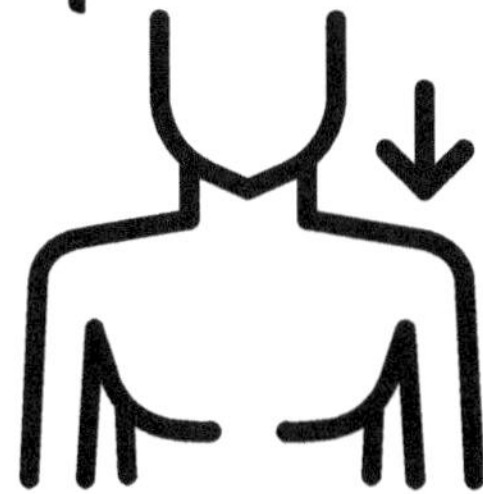

shoulder

hombro

Trace the letters and fill in the blanks.
Traza las letras y rellena los espacios en blanco.

shoulder

hombro

Complete the drawing and color me!

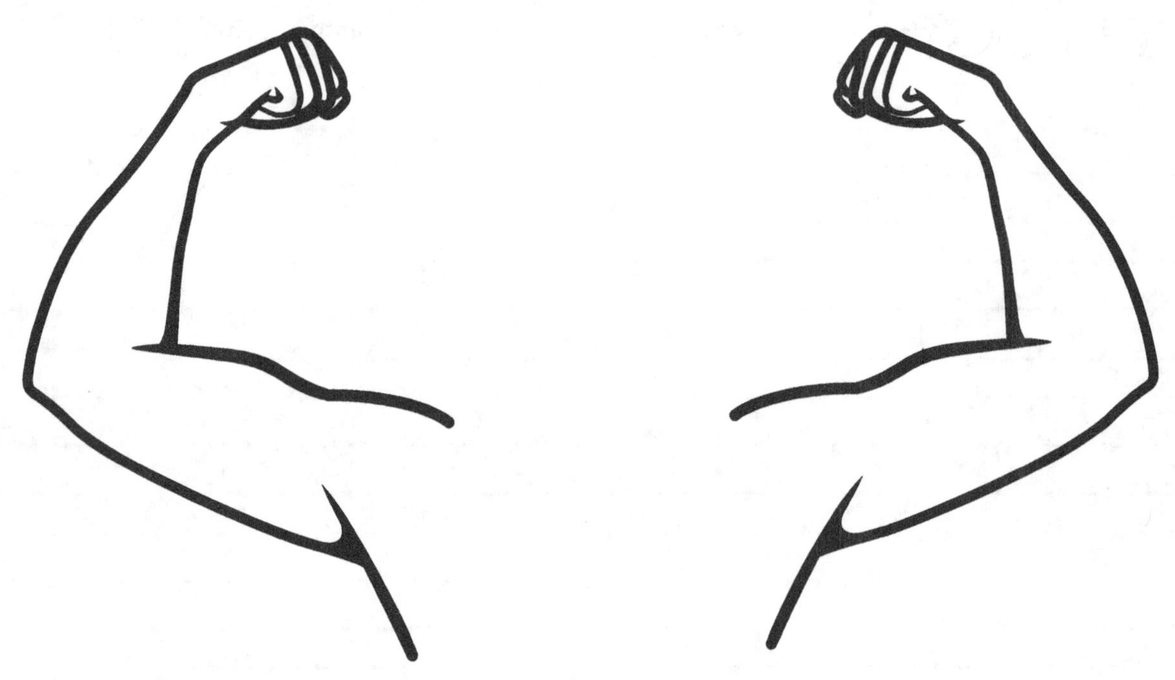

¡Completa el dibujo y coloréame!

Trace the letters and fill in the blanks.
Traza las letras y rellena los espacios en blanco.

Color me!

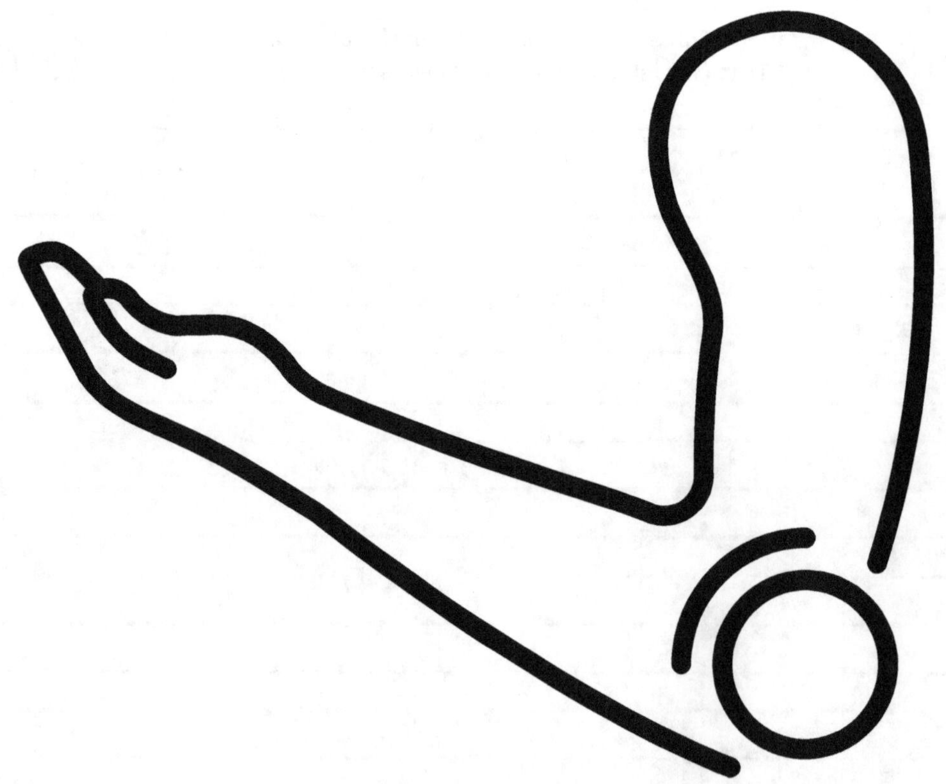

¡Coloréame!

Trace the letters and fill in the blanks.
Traza las letras y rellena los espacios en blanco.

elbow

codo

Trace and color your hand here.

Traza y colorea la mano aquí.

Trace the letters and fill in the blanks.
Traza las letras y rellena los espacios en blanco.

Which object do you put on your wrist?

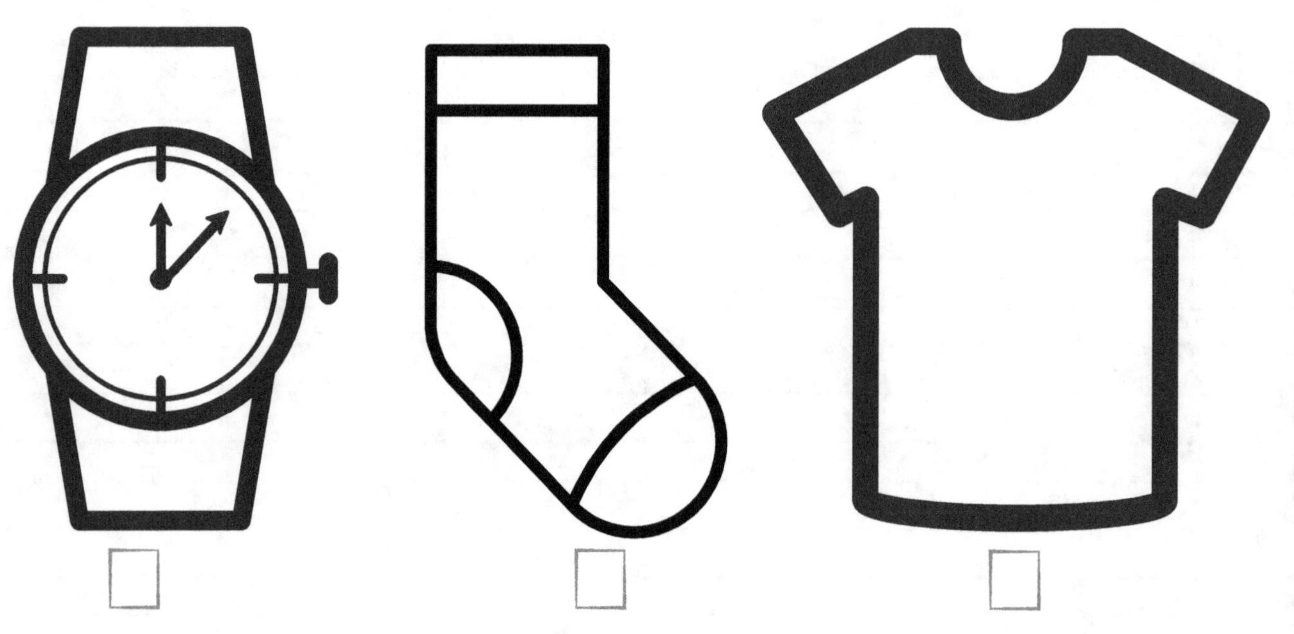

¿Cuál objeto te pones en la muñeca?

Trace the letters and fill in the blanks.
Traza las letras y rellena los espacios en blanco.

wrist

muñeca

Color me!

¡Coloréame!

finger

dedo

Trace the letters and fill in the blanks.
Traza las letras y rellena los espacios en blanco.

body
body
body
body
bod
b

cuerpo
cuerpo
uerpo
uerp
u o
u

Color me!

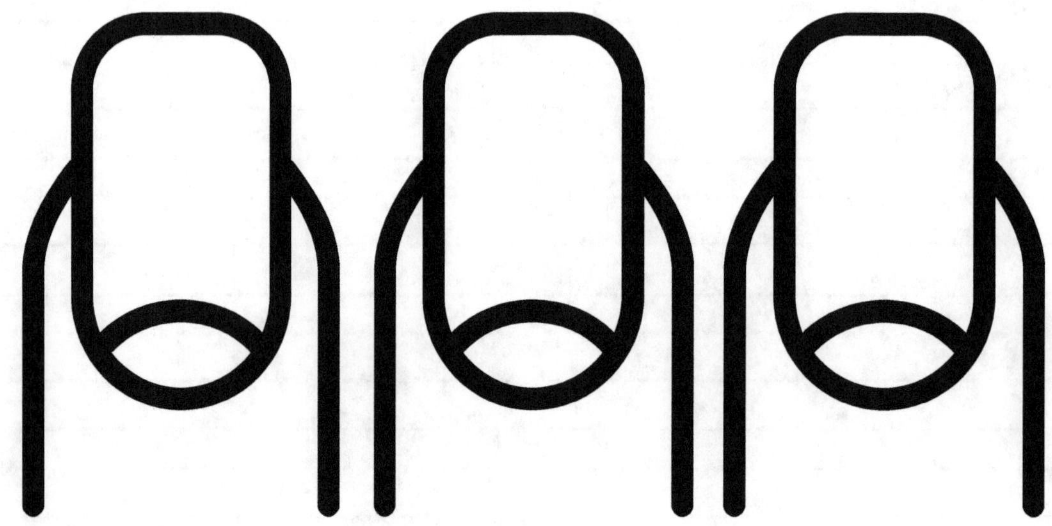

¡Coloréame!

fingernail

uña

Trace the letters and fill in the blanks.
Traza las letras y rellena los espacios en blanco.

Which object covers your chest?

¿Cuál objeto te cubre el pecho?

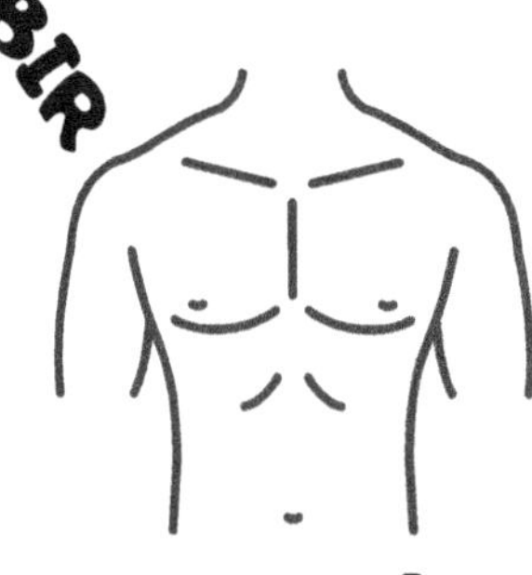

chest

pecho

Trace the letters and fill in the blanks.
Traza las letras y rellena los espacios en blanco.

Which object goes around your waist?

¿Cuál objeto te pones en la cintura?

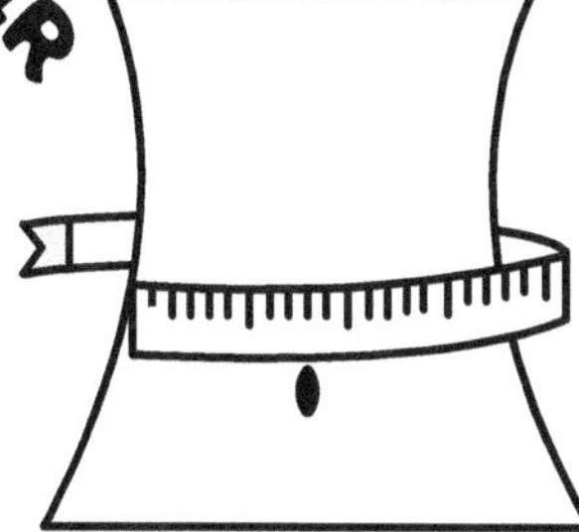

Trace the letters and fill in the blanks.
Traza las letras y rellena los espacios en blanco.

body	cuerpo
ody	c_erpo
body	cue_o
bo_y	_ue_p_
bod_	c_e_o
b__	c____

Color me!

¡Coloréame!

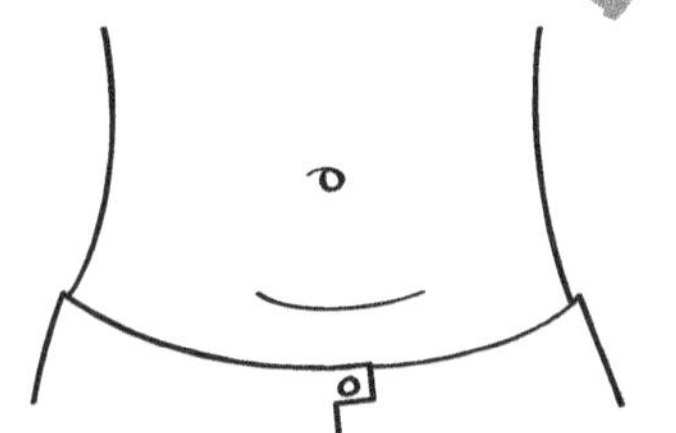

Trace the letters and fill in the blanks.
Traza las letras y rellena los espacios en blanco.

panza

Color the legs and finish the drawing.

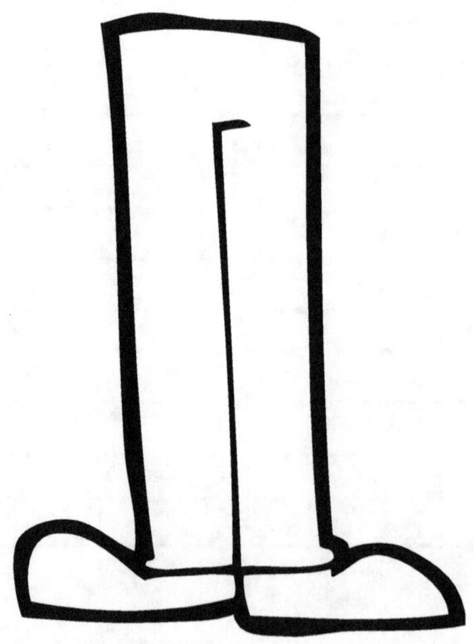

Colorea las piernas y termina el dibujo.

I CAN WRITE — YO PUEDO ESCRIBIR

Trace the letters and fill in the blanks.
Traza las letras y rellena los espacios en blanco.

leg

leg

pierna

pierna

Which object covers your knees?

¿Cuál objeto te cubre las rodillas?

Trace the letters and fill in the blanks.
Traza las letras y rellena los espacios en blanco.

Color me!

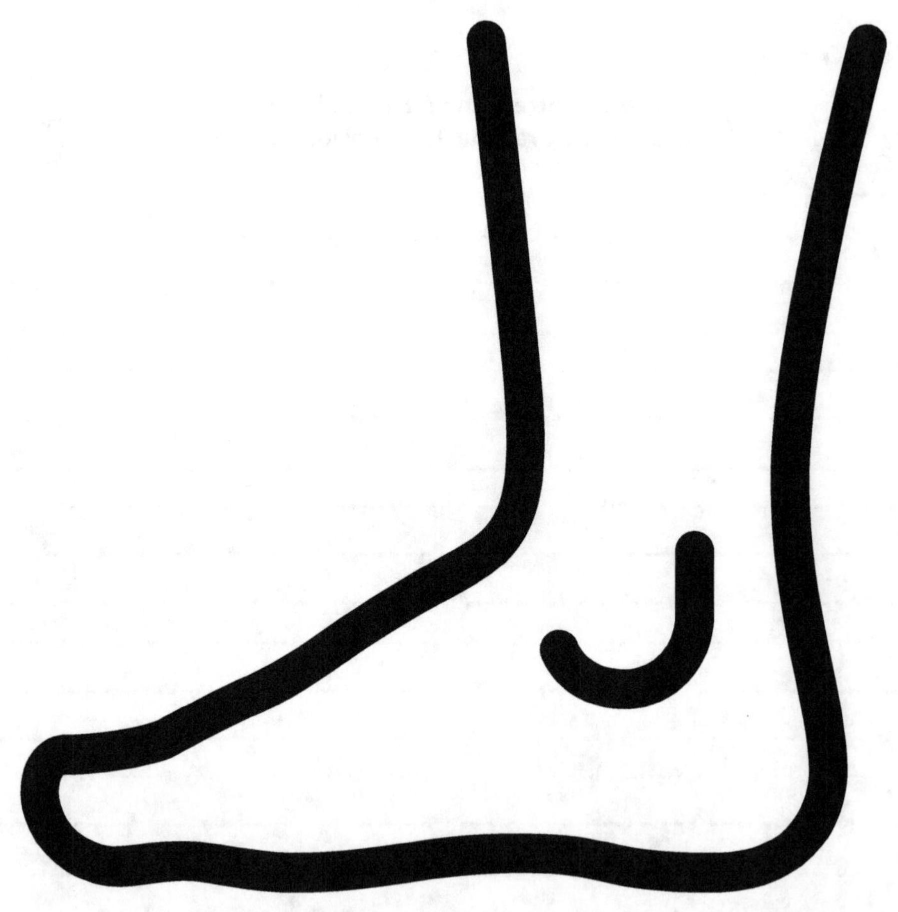

¡Coloréame!

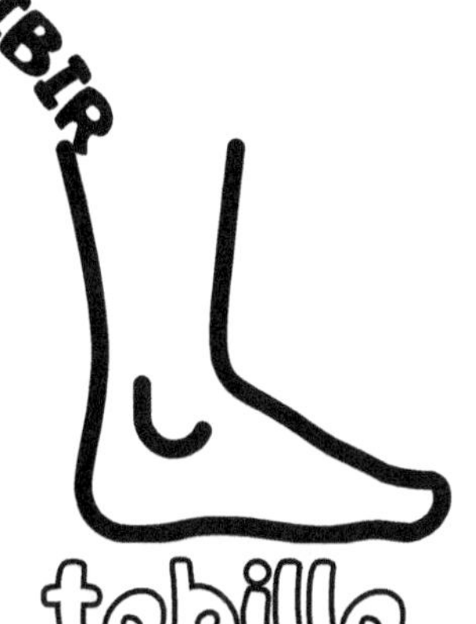

ankle

tobillo

Trace the letters and fill in the blanks.
Traza las letras y rellena los espacios en blanco.

ankle

tobillo

Color me!

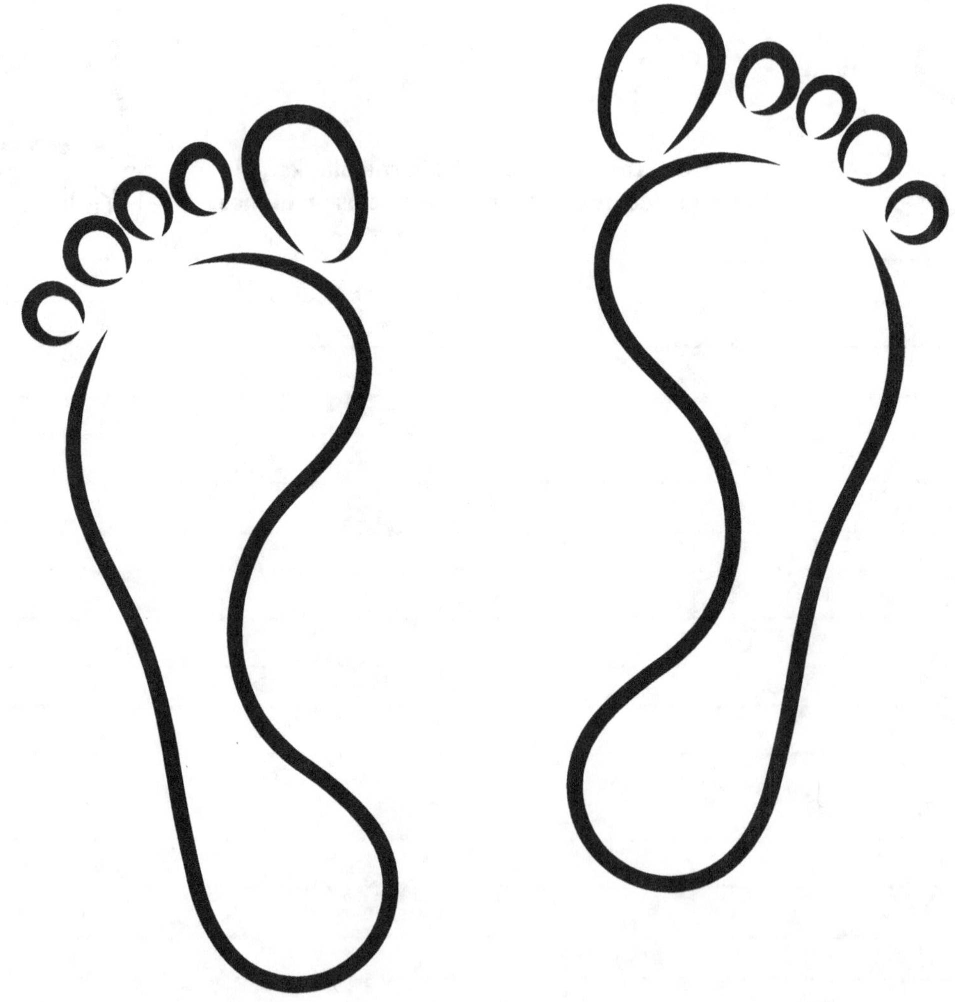

¡Coloréame!

Trace the letters and fill in the blanks.
Traza las letras y rellena los espacios en blanco.

Color me!

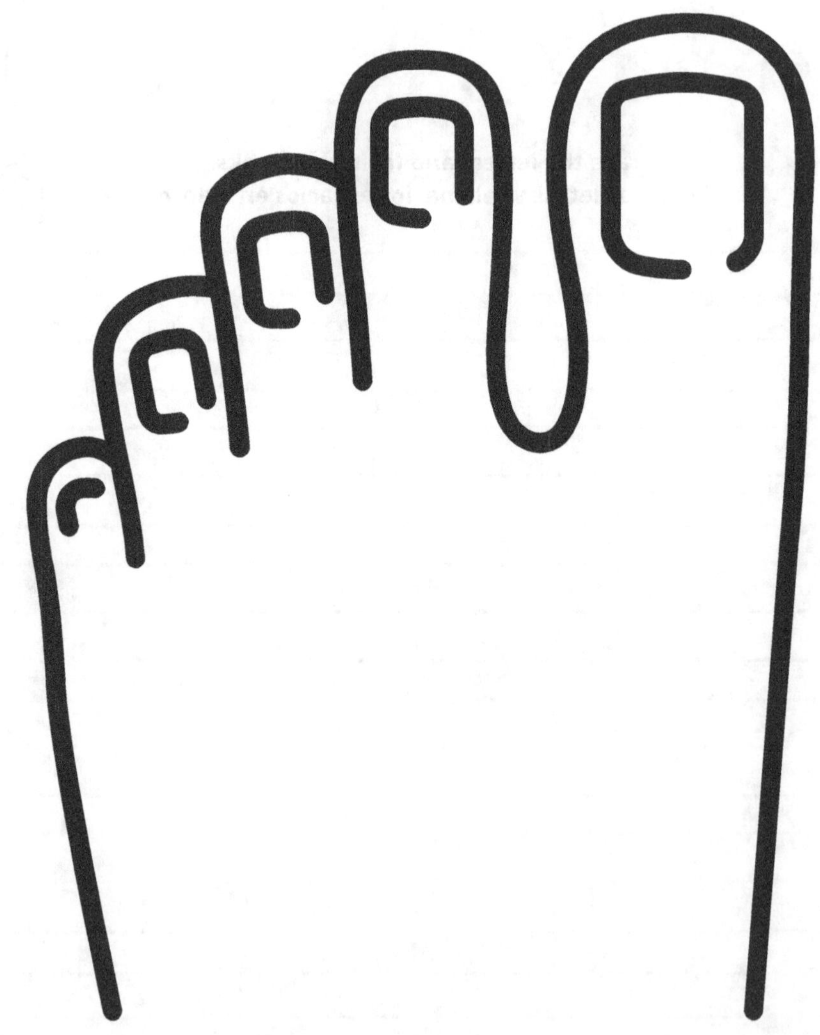

¡Coloréame!

I CAN WRITE — YO PUEDO ESCRIBIR

Trace the letters and fill in the blanks.
Traza las letras y rellena los espacios en blanco.

toes	dedos de pie
toes	dedos de pie
t e s	d dos d pi
t s	os e pie
toe	ded s de ie
oes	dedo de p e
t	d d p

My Clothes

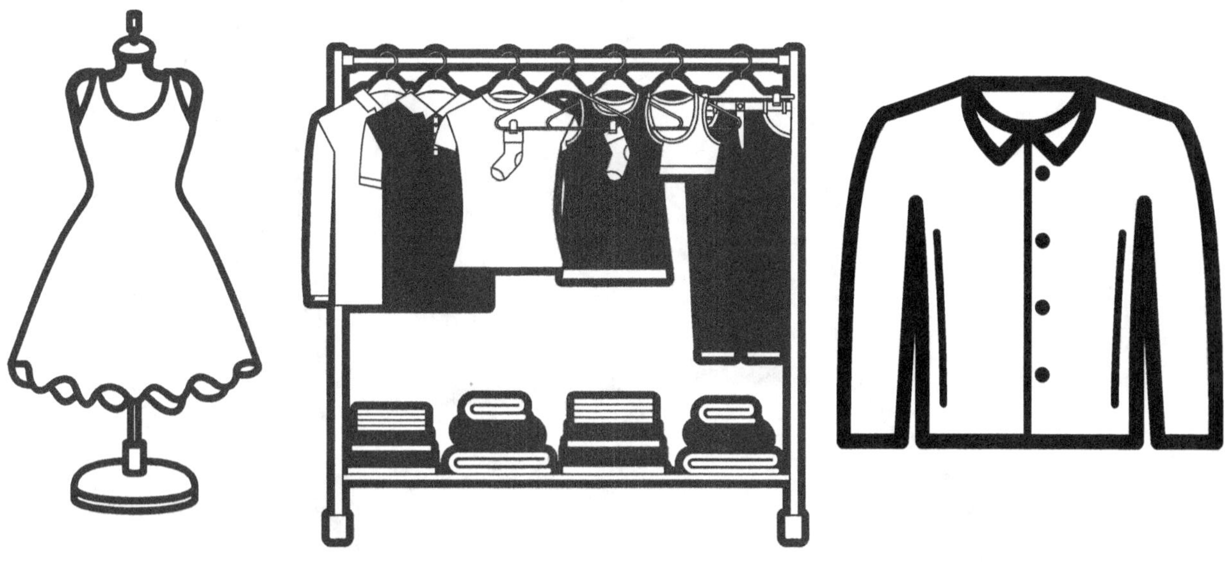

Mi Ropa

Color me!

¡Coloréame!

hat

Trace the letters and fill in the blanks.
Traza las letras y rellena los espacios en blanco.

gorra

Color me!

¡Coloréame!

Trace the letters and fill in the blanks.
Traza las letras y rellena los espacios en blanco.

Color me!

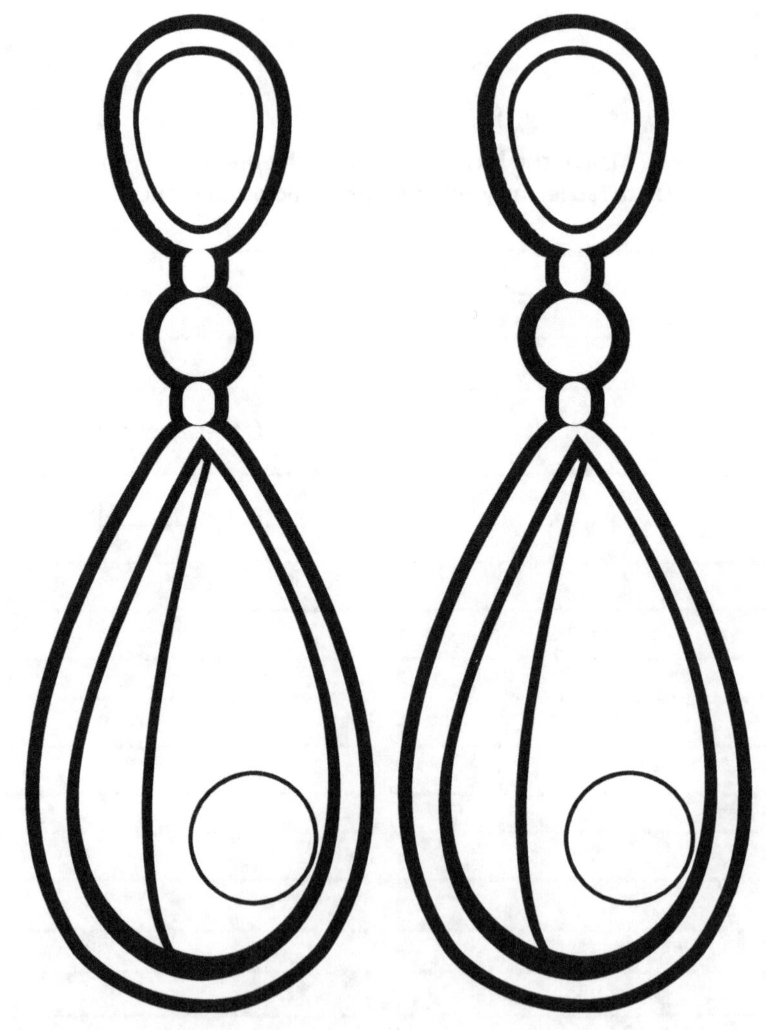

Coloréame!

Trace the letters and fill in the blanks.
Traza las letras y rellena los espacios en blanco.

Color me!

Coloréame!

glasses

Trace the letters and fill in the blanks.
Traza las letras y rellena los espacios en blanco.

lentes

Color me!

Coloréame!

scarf

Trace the letters and fill in the blanks.
Traza las letras y rellena los espacios en blanco.

bufanda

Color me!

Coloréame!

Trace the letters and fill in the blanks.
Traza las letras y rellena los espacios en blanco.

shirt	camisa
shirt	camisa
shirt	camisa
shirt	camisa
shirt	camisa
shirt	camisa
s	c

Color me!

Coloréame!

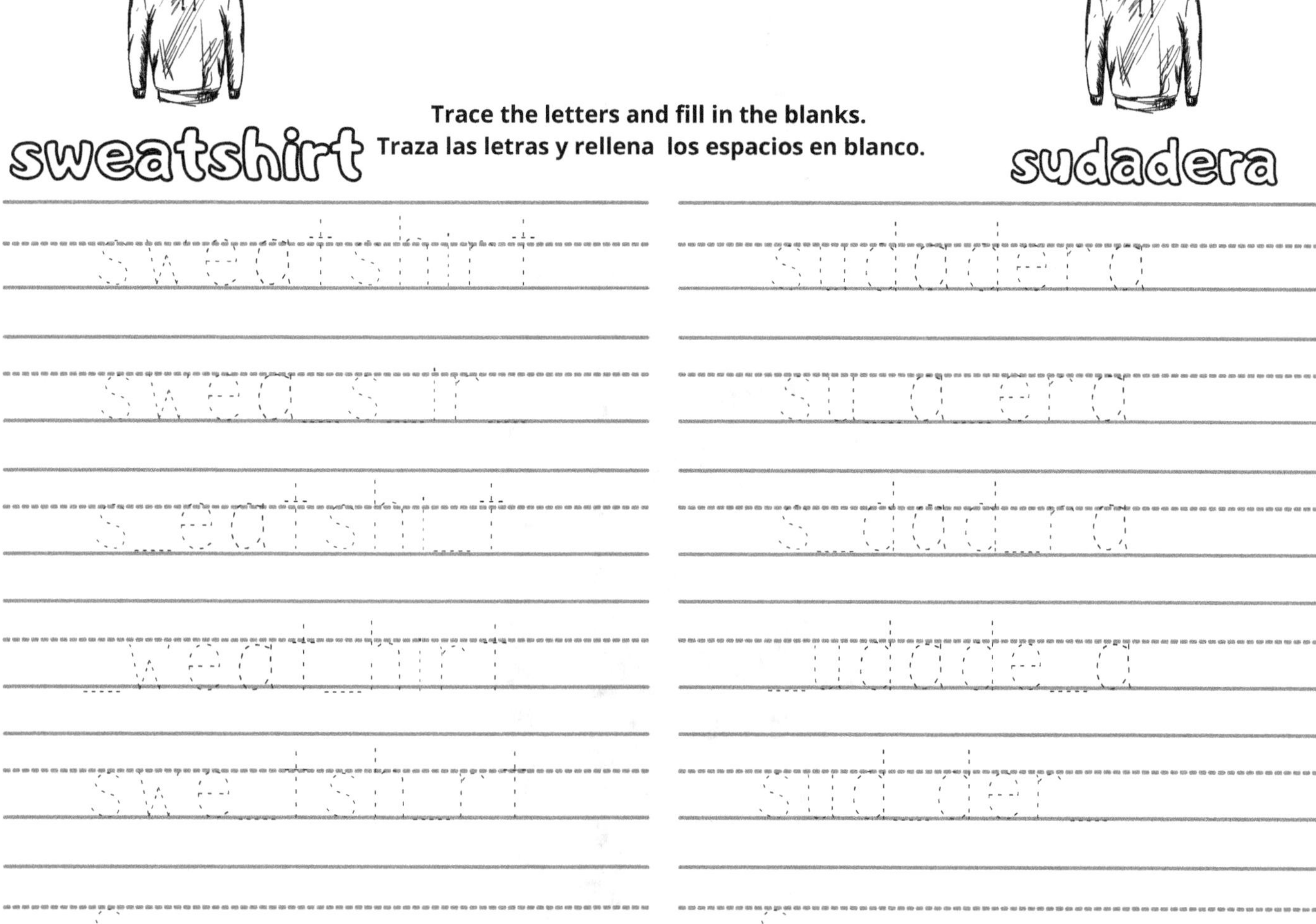

Trace the letters and fill in the blanks.
Traza las letras y rellena los espacios en blanco.

sweatshirt

sudadera

Color me!

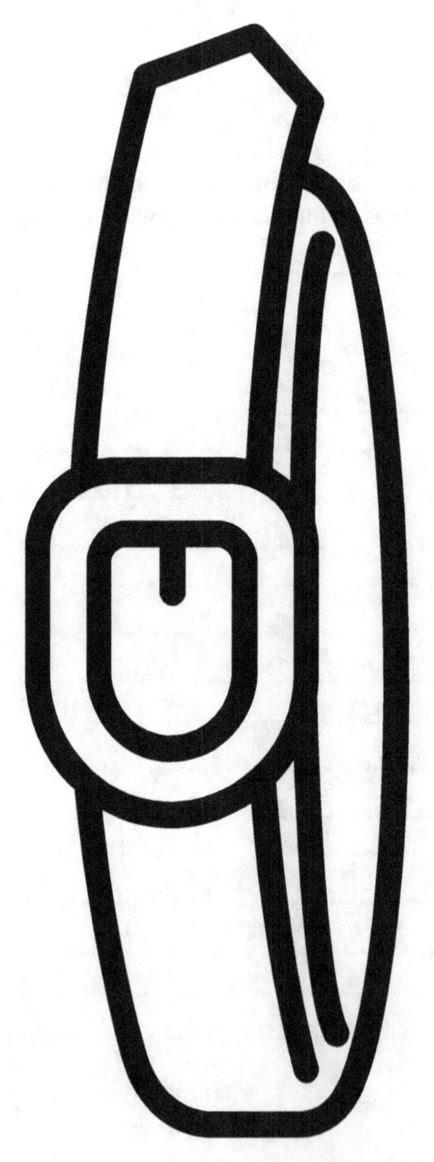

Coloréame!

Trace the letters and fill in the blanks.
Traza las letras y rellena los espacios en blanco.

Color me!

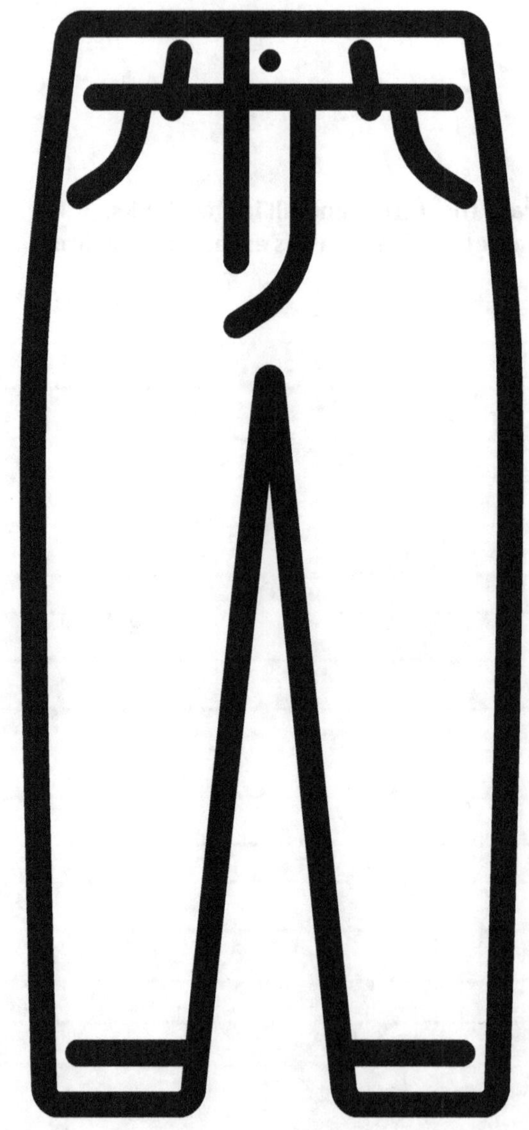

Coloréame!

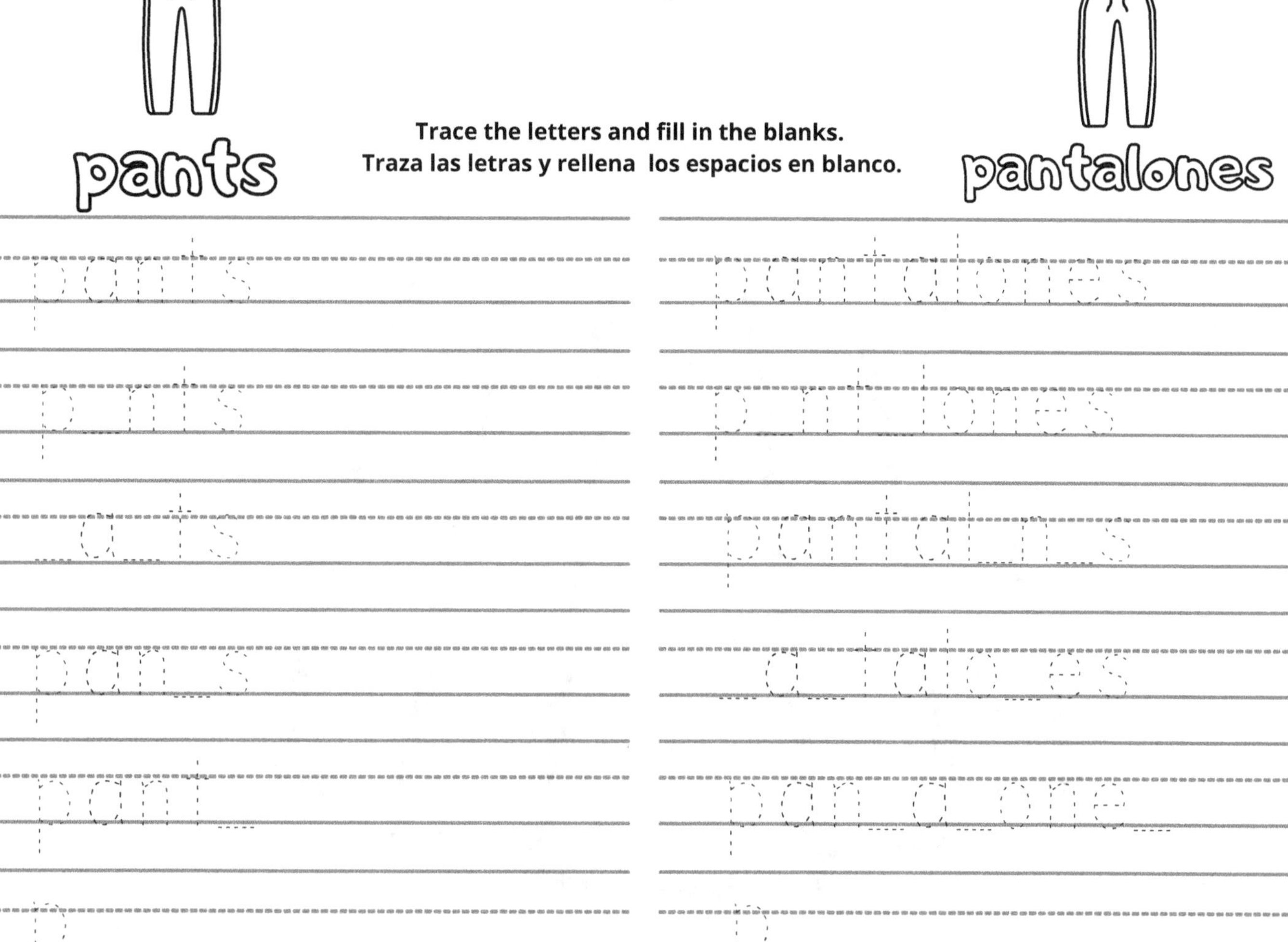

Trace the letters and fill in the blanks.
Traza las letras y rellena los espacios en blanco.

pants

pantalones

Color me!

Coloréame!

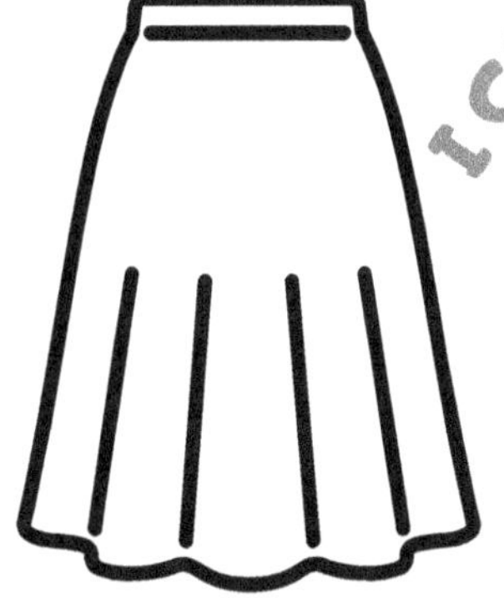

Trace the letters and fill in the blanks.
Traza las letras y rellena los espacios en blanco.

skirt	falda
skirt	falda
s irt	f lda
ski t	fa da
kirt	fa da
s ir	a da
s	falda

Color me!

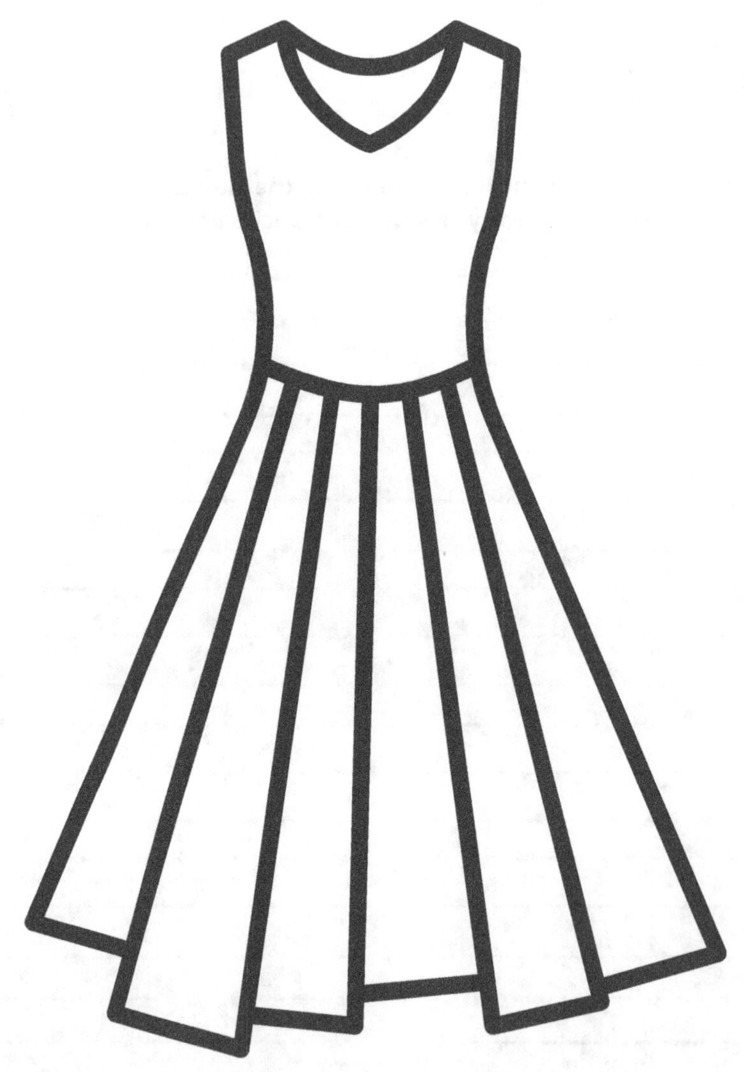

Coloréame!

dress

Trace the letters and fill in the blanks.
Traza las letras y rellena los espacios en blanco.

vestido

Color me!

Coloréame!

Trace the letters and fill in the blanks.
Traza las letras y rellena los espacios en blanco.

socks

socks

socks

socks

ock

s

calcetines

calcetines

calcetines

alcetines

calcetines

c

Color me!

Coloréame!

I CAN WRITE — YO PUEDO ESCRIBIR

Trace the letters and fill in the blanks.
Traza las letras y rellena los espacios en blanco.

shoes

shoes

shoes

shoes

shoes

s

zapatos

zapatos

zapatos

zapato

zapatos

z

Color me!

Coloréame!

I CAN WRITE   YO PUEDO ESCRIBIR

Trace the letters and fill in the blanks.
Traza las letras y rellena los espacios en blanco.

Color me!

Coloréame!

flip-flops

chanclas

Trace the letters and fill in the blanks.
Traza las letras y rellena los espacios en blanco.

English-Spanish Glossary A-Z

ankle	*tobillo*	finger	*dedo*	nose	*nariz*
arm	*brazo*	fingernail	*uña*	pants	*pantaloes*
belt	*cinturón*	flipflops	*chanclas*	scarf	*bufanda*
body	*cuerpo*	foot	*pie*	shirt	*camisa*
boots	*botas*	glasses	*lentes*	shoes	*zapatos*
bow	*lazo*	hair	*pelo*	shoulder	*hombro*
chest	*pecho*	hand	*mano*	skirt	*falda*
dress	*vestido*	hat	*gorra*	socks	*calcetines*
earrings	*aretes*	head	*cabeza*	sweatshirt	*sudadera*
ears	*oídos*	knee	*rodilla*	teeth	*dientes*
elbow	*codo*	leg	*pierna*	toes	*dedos de pie*
eyebrow	*ceja*	lips	*labios*	tongue	*lengua*
eyelash	*pestaña*	mouth	*boca*	tummy	*panza*
eyes	*ojos*	neck	*cuello*	waist	*cintura*
face	*cara*			wrist	*muñeca*

Glosario español-inglés A-Z

aretes	*earrings*	cuello	*neck*	oídos	*ears*
boca	*mouth*	cuerpo	*body*	ojos	*eyes*
botas	*boots*	dedo	*finger*	pantaloes	*pants*
brazo	*arm*	dedos de pie	*toes*	panza	*tummy*
bufanda	*scarf*	dientes	*teeth*	pecho	*chest*
cabeza	*head*	falda	*skirt*	pelo	*hair*
calcetines	*socks*	gorra	*hat*	pestaña	*eyelash*
camisa	*shirt*	hombro	*shoulder*	pie	*foot*
cara	*face*	labios	*lips*	pierna	*leg*
ceja	*eyebrow*	lazo	*bow*	rodilla	*knee*
chanclas	*flipflops*	lengua	*tongue*	sudadera	*sweatshirt*
cintura	*waist*	lentes	*glasses*	tobillo	*ankle*
cinturón	*belt*	mano	*hand*	uña	*fingernail*
codo	*elbow*	muñeca	*wrist*	vestido	*dress*
		nariz	*nose*	zapatos	*shoes*

www.ingramcontent.com/pod-product-compliance
Lightning Source LLC
Chambersburg PA
CBHW081625250726
48657CB00009B/2725